Leonardo Alberti

Parole affidate al vento

Youcanprint

Titolo | Parole affidate al vento
Autore | Leonardo Alberti
ISBN | 978-88-31653-27-5

Youcanprint
Via Marco Biagi 6, 73100 Lecce
www.youcanprint.it
info@youcanprint.it

Mi è sempre piaciuto scrivere e da un paio di anni scrivo i miei pensieri spacciandoli per poesie. Non penso siano poesie in quanto non ci sono rime, non esistono regole. Mi definisco quindi un poeta senza senso e senza logica, ma sono felice di poterle scrivere.

Ecco il perché di questo piccolo libro che dedico ai miei 5 figli perché comprendano l'anima del loro padre.

PAROLE

Parole affidate al vento,
parole che giocano chiassosamente,
parole che invadono i pensieri,
parole dipinte di colori,
parole dolci, accese, violente,
parole cantate, sussurrate, urlate,
parole nascoste nel nostro cuore,
parole intensamente sconclusionate,
parole proibite di pensieri osceni,
parole senza senso.
PAROLE, PAROLE, PAROLE

ANIME SCONNESSE

Seduto ad aspettare il tuo sorriso,
vestito di sensazioni dolci.
Lo sguardo perso nel vuoto,
per ascoltare un canto divino.
Anime sconnesse che giocano fra di loro,
protette dal essere scoperte.
Tu sei qui, non ti ho sentita arrivare.
Dio se mi piace il tuo profumo,
quanto mi perdo nei tuoi occhi.
Sono felice di sentire il calore
che il tuo respiro diffonde nell'aria.
Vorrei amarti, potrei amarti!

RISERVATO A POCHI

Tutto di te brilla, piccole emozioni raccontate.
Nuvole di pensieri impertinenti,
vestiti di straordinaria simpatia.
Tu sei un sole dispettoso, un piccolo dono,
riservato a pochi, di esclusiva dolcezza.
Voli leggera nel cielo dei nostri sogni,
sei un piccolo gioiello nascosto in un fiore

TUTTO È IN TE

Riflessi argentati su labbra sottili,
sensualità prorompente avvolta da un sorriso.
Voglia di vivere, mescolata a briciole di amore,
ricordi dolorosi di sentimenti errati.
Tutto è in te!
Fermati e riposati, hai diritto ad essere felice,
sei bella, sei profumatamente bella!
Avvolgi il cuore di chi ti conosce,
lo fai con intenso desiderio di calore.
Piccola luce nell'oscurità della paura.

RICCIOLI D'ORO

8

Riccioli d'oro si adagiano contenti,
Nascondendo una dolcezza strana.
Piccoli gesti di un tempo passato,
corrono gioiosi in un presente ritrovato.
Dolce creatura adagiata sui sogni,
sguardo sereno di una felicità ritrovata.
Questa sei tu, amica di allora,
questa sei tu amica di oggi.

ANIME CONFUSE

Anime disordinate,
anime agitate.
Urla strazianti
di sofferenze vaghe.
Tutto intorno a me,
profuma di dolore.
Nuvole e nebbia,
giocano in armonia.
La notte si avvicina,
nascondendo tutto quanto.
Non riesco a trovare pace
ma so di desiderarti,
vorrei perdermi nel tuo amare.

SEI TU LA MIA STELLA

Ho visto una stella, brillava lontana,
l'ho vista sorridere, felice di vivere.
Mi piace guardarla, sapere che c'è.
Ho visto una stella, l'ho vista cantare.
Mi ha fatto sognare con suo canticchiare.
Adesso è sopita nel suo angolino,
felice di essere riuscita a scappare,
dal mondo agitato del nostro pensare.
L'ho vista felice, di avermi stregato,
adesso fa parte del mio cielo stellato.

NON SMETTERE DI AMARE

Ama, intensamente, spudoratamente.
Vivi e godi del tuo vivere.
Sorridi, fallo sempre.
Gioca con i tuoi problemi , lasciati cullare da loro.
Lasciati baciare da chi ti vuol bene,
rendi felice chi ti dona il suo cuore.
Ama!

ECCOTI!

Appari all'improvviso, felice e bella,
vestita di stupore, di un sorriso speciale.
Ti aggiri silenziosa camminando a piedi scalzi.
Sei bella semplicemente femmina.

SEI VIVA

Vaghi nella notte alla ricerca di una carezza,
mi piace come sei, vestita di emozioni.
Vorrei accarezzarti l'anima per farti sentire amata,
vorrei che tu guardassi dentro il mio cuore.
Donna, femmina, bambina capricciosa. Sei viva!

ONDE RABBIOSE, ONDE SCHIUMOSE

Brividi, tremore di sensazioni pigre,
alzo lo sguardo, la luna è chiacchierona,
le stelle ballano, le nuvole giocano.
Luci intermittenti sulle onde schiumose,
arena che vola in mille direzioni,
cespugli bagnati di una pioggia ormai lontana.
È notte! Nessuno in giro…silenzio buio e scuro,
la terra dorme, di un sonno agitato…
I miei pensieri prigionieri di un sonno profondo.

TU,SEMPRE TU

Strappi, leggeri e continui,
volti che osservano.
Piccoli formicolii nelle estremità,
strane vibrazioni di un cuore spezzato.
Violenza inaudita, oscura, impietosa,
peccati di orgoglio che siedono tranquilli.
Tu, sempre tu. Ovunque mi giri, tu!
Mi piacerebbe stringerti forte, toglierti il respiro,
mi piacerebbe baciare le tue labbra. Sudo!
Sono stanco, sfibrato dal mio pensare.

DIETRO AL PENSIERO

Bruciore d'ansia, lotta senza fine.
Ti avvolge di nascosto, non ti puoi difendere.
Respira profondamente, non dargliela vinta.
Siediti ed aspetta, il tempo ti aiuterà.

AMA

Sorridi... non smettere mai.
Mi rapisce il tuo sorriso,
starei a guardarlo per ore.
Piangi, fallo quando ne hai voglia.
Corri, lasciati andare in una corsa sfrenata.
Ama, non vergognarti di provare amore.
Lotta, sarai vincitrice.
Chiudi gli occhi e ferma il tempo.

PAURA D'AMORE O PAURA D'AMARE?

Gocce trasparenti e leggere
Visione argentea di un sorriso intenso.
Lui é perso nel suo essere inutilmente solo.
Troppa bellezza ed intensi sguardi non sono per
tutti.
Fatti da parte perché il tuo posto é stato rioccupato
dai suoi pensieri e desideri.
Torna ad essere un piccolo uomo timoroso di
amare.

MISCELLANZA

Lavora sugli opposti, comincia a sentire con gli
occhi, a parlare con i pensieri, a vedere i
suoni…gioca con i tuoi sensi, crea una esclusività
di comportamento. È il segreto del nostro essere
vivi, non è alla portata di tutti, va al di là del sesso,
ma ci porta alla perfezione assoluta. Godiamo di
essere esclusivi in tutto, erezioni di pensiero,
orgasmi di sentimenti, piacere di essere unici.

Mi sono messo a guardare le nuvole che
viaggiavano ordinate attraversando la città.
Di tanto in tanto qualcuna si fermava a
chiacchierare mescolandosi con quelle che la
seguivano.
Dispettose si mettevano fra me ed il sole. Alcune
erano di un bianco candido, imitavano i batufoli di
cotone, altre invece, sporcate da un grigio
minaccioso rendevano ancora più fiochi i raggi di
sole che tentavano di attraversarle inutilmente…In
basso la schiuma di onde agitate che una mia amica
stava osservando.
Che bello essere vivi e poter godere di tutto quello
che la natura ci mette a disposizione…

Pensieri contorti stritolati dal desiderio di felicità!

Pensieri profondi accartocciati dal mio essere!

Alba e vita mescolate nel dolce risveglio

INDICE

Youcanprint
Finito di stampare nel mese di dicembre 2019